l … nce,

pour ma petite sœur

Jane
xx

10·6·94.

Dans la collection Disney lecture :

Contes de l'Europe avec Mickey
Contes de l'Europe avec Donald
Mickey à la foire
Bambi

Série Disney Club :

LA BANDE A PICSOU

Le lingot perdu
Barbicsou le pirate
La pyramide engloutie

LES RANGERS DU RISQUE

La flûte magique
Ronfleur, le chien qui dort
La vallée des Tortues

SUPER BALOO

Les 10 000 Invincibles
Panique sur la banquise
L'œil du cyclone

MYSTERMASK

La guerre des chefs
Opération gruyère
La jungle infernale

LA PETITE SIRÈNE

La pieuvre maléfique
Le mystère des profondeurs
Le trident magique

WALT DISNEY

BAMBI

DISNEY
HACHETTE ÉDITION

Raconté par Jeanne Failevic

La naissance de Bambi

Peu à peu, le jour se lève dans la forêt. Maître Hibou rentre après une longue nuit de chasse. Il secoue ses ailes et se niche confortablement dans le creux d'un arbre.

« Dormir, enfin ! soupire-t-il.

– Maître Hibou, réveillez-vous !

– Qu'est-ce que c'est ? hulule-t-il mécontent.

– Vous n'avez pas entendu la nouvelle ? dit Pan-Pan le lapin.

– Quelle nouvelle ?

– IL est né, crie Pan-Pan, IL est né ! Maître Hibou ouvre les yeux.

– IL est né ! »

Cette fois, plus question de dormir. « Je te suis, attends-moi, Pan-Pan », dit-il. Rapide comme l'éclair, Pan-Pan rejoint les autres animaux sans l'attendre.

Dans la clairière, blotti bien au chaud

contre sa mère dort un petit faon. La biche penche la tête vers lui :

« Réveille-toi, mon tout-petit. Regarde, tout le monde est venu te dire bonjour. »

Le petit faon ouvre les yeux, bat des cils : la lumière du jour le gêne.

« Regardez, crie Pan-Pan, il essaie de se lever. »

Ses deux pattes avant tendues, le nouveau-né se soulève d'un mouvement brusque et retombe aussitôt sur son derrière. Allez, on recommence.

« Quel maladroit ! » se moque Pan-Pan.

– Voyons, Pan-Pan, dit la biche doucement, il est encore si petit. »

De nouveau debout, le petit faon vacille. Les yeux écarquillés, il observe ses longues pattes qui gigotent dans tous les sens. Pourquoi la patte droite veut-elle aller à gauche ? Le petit faon la soulève, la remet à sa place, mais elle glisse sur le côté et boum ! il s'écroule pour la deuxième fois, sous le regard un peu méprisant de Pan-Pan.

« Laissons-le se reposer avec sa maman », suggère Maître Hibou.

Il s'envole. C'est le signal du départ.

« Je veux rester avec lui, gémit Pan-Pan.

– Non, Pan-Pan, déclare la mère du petit lapin, viens ! Maître Hibou a raison.

– Comment allez-vous l'appeler ? insiste Pan-Pan.

– Bambi », répond la biche.

Satisfait, Pan-Pan rejoint sa mère en répétant :

« Bambi, Bambi. »

Bambi et Pan-Pan sont inséparables. Ils passent leurs journées à gambader.

Pan-Pan apprend au petit faon à glisser le long des talus, à sauter par-dessus les troncs d'arbres. Parfois, Bambi perd l'équilibre, mais il fait des progrès : Pan-Pan est un si bon professeur !

Au pied d'un gros chêne, Bambi prononce son premier mot, « oi-seau », tout étonné d'entendre sa voix pour la première fois.

« Oiseau, oiseau », répète Bambi quand un papillon se pose sur sa queue en le chatouillant.

«Mais non, Bambi, ce n'est pas un oiseau, c'est un papillon, lui explique Pan-Pan, et là-bas, ce sont des fleurs.

– Fleur », dit Bambi en s'élançant.

« Fleur », reprend-il devant une grosse bête noire et blanche qui pointe sa tête au milieu des fleurs.

Pan-Pan se roule par terre en étouffant de rire :

« Qu'il est bête, mais qu'est-ce qu'il est bête ! C'est une mouffette. Et appeler "fleur" une bête qui sent si mauvais, faut le faire ! »

« Il peut m'appeler "Fleur" s'il en a envie. Cela ne me gêne pas du tout, d'ailleurs, c'est un joli nom », dit la mouffette en battant des paupières.

« Fleur, Fleur », répète Bambi en galopant partout. Ce n'est pas tous les jours que l'on rencontre de nouveaux amis !

Le ciel s'assombrit. Tout à coup, le tonnerre retentit. Bambi s'arrête, il a peur.

« Ce n'est rien, dit Pan-Pan, c'est le tonnerre. Cours vite t'abriter, Bambi. »

Pelotonné contre sa mère, Bambi inquiet lève le museau et la regarde : elle a l'air si tranquille. Une goutte chatouille le museau du petit faon. Puis une deuxième, une troisième, des centaines de gouttes se mettent à tomber. Bambi découvre la pluie pour la première fois.

Le Roi de la forêt

Un jour, la biche annonce à son fils :

« Aujourd'hui, Bambi, je t'emmène voir la prairie.

– Hourra ! on va voir la prairie », s'écrie le faon.

Sur le chemin, il ne tient pas en place :

« C'est encore loin, maman ?

– Patience, patience, dit la biche. Regarde, on y est. »

Une grande étendue d'herbe s'étend devant eux à perte de vue.

« Attends ici, Bambi, je passe devant. Il y a peut-être du danger. »

La biche s'avance lentement en tendant l'oreille.

« C'est bon, Bambi, tu peux venir maintenant. »

Sans se faire prier, le faon part comme une flèche.

« Ne t'éloigne pas trop », lui crie sa mère.

A travers de hautes herbes, Bambi aperçoit une mare et penche la tête pour boire. Comme c'est bizarre, on dirait qu'un deuxième faon le regarde.

« Qui es-tu, toi ? demande Bambi en reniflant la surface de l'eau.

– C'est ton reflet, gros bêta ! » dit une voix près de lui.

Gros bêta et puis quoi encore ! Fâché, Bambi lève la tête. Une jolie petite biche le regarde. Elle a les yeux si bleus…

« Bonjour, je m'appelle Féline. »

Bambi est si surpris qu'il recule, recule, et pouf ! le voilà sur son derrière ! Féline éclate de rire.

« Ce n'est pas drôle », dit Bambi boudeur en courant se réfugier entre les pattes de sa mère :

« Allons, Bambi, j'espère que tu n'as pas peur de Féline, tout de même.

– Non, maman », répond Bambi.

Pourtant, il ne bouge toujours pas.

Féline s'approche doucement de lui :
« Allez, Bambi, on fait la paix. Viens jouer avec moi. »

Très vite, Bambi n'a plus envie de jouer : son regard suit les nombreux cerfs qui bondissent tous dans la même direction.

« Moi aussi, j'y vais », décide Bambi.

A l'entrée du bois, se tient un grand cerf majestueux. Il parcourt l'assemblée des yeux et pose un moment son regard sur Bambi, puis il recule, fait demi-tour et

s'enfonce dans la pénombre de la forêt.

« Maman, maman, il m'a regardé.

– Oui, mon tout-petit. C'était ton père, le Roi de la forêt. Tout le monde le respecte, car il est sage et courageux. »

Mais, que se passe-t-il ? Les animaux s'affolent. C'est la fuite. Bambi a juste le temps d'apercevoir le Roi de la forêt avant d'être emporté par le flot. Il court. Il ne comprend pas. Il a peur. Il a perdu sa maman. Des cris, des pleurs, des craquements... Il court de plus belle et s'arrête soudain face à son père. Rassuré, Bambi se laisse guider par le grand cerf à travers bois jusqu'à sa mère.

« Qu'est-ce qui s'est passé, maman ? Pourquoi tout le monde est parti aussi vite ? demande Bambi.

– Les hommes, dit sa mère d'un air grave, les hommes étaient dans la forêt. »

Un terrible événement

Un matin, Bambi se réveille avec une drôle d'impression. La forêt n'a plus la même odeur sucrée d'herbe et de mousse. Bambi entend des bruits étouffés, l'air froid lui chatouille le museau et une lumière aveuglante pénètre dans les sous-bois. Il se lève, pousse un cri de surprise :

« Maman, maman, regarde, tout est blanc.

– C’est la neige, explique sa mère, c’est l’hiver.

– Comme c’est amusant », dit-il en s’enfonçant un peu à chaque pas.

Il sautille, tente d’éviter la neige qui tombe des arbres. Dans sa course, il heurte une grosse branche : le voilà recouvert d’un épais manteau blanc !

« Brrr ! comme c’est froid, fait-il en dégageant la tête.

– Alors, on joue tout seul ? dit une voix moqueuse.

– Pan-Pan, c’est toi ! s’exclame Bambi en le rejoignant bien vite. Qu’est-ce que c’est ? demande-t-il en apercevant le lac gelé.

– C’est de la glace, Bambi. Regarde un peu ce qu’on peut faire sur la glace, annonce fièrement Pan-Pan en s’élançant. Viens essayer, c’est tellement drôle. »

Bambi hésite.

« Alors Bambi, tu viens ou quoi ? »

Pan-Pan perd patience ! Bambi pose une patte, deux pattes, puis les quatre.

– Oh ! là, là ! qu'est-ce que ça glisse », dit-il, et plaf ! il se retrouve à plat ventre.

« Redresse-toi ! » ordonne Pan-Pan en lui soulevant le derrière.

Bambi se remet debout et... boum, le voilà à nouveau par terre.

« Ce n'est pas très amusant la glace », grogne-t-il, un peu vexé.

Bientôt, finis, les jeux sur le lac ! Une

tempête se met à souffler. Soulevant des tourbillons de neige, elle enveloppe la forêt d'un brouillard épais. Un vent froid s'engouffre en sifflant entre les branches.

« J'ai faim, murmure Bambi d'une toute petite voix.

– Je sais, mon petit. Un peu de courage. Peut-être trouverons-nous bientôt de quoi manger », dit sa maman.

Elle aperçoit quelques touffes d'herbe au milieu de la neige.

« Regarde, Bambi, c'est tout ce que l'hiver nous a laissé. »

Affamé, Bambi se jette dessus avec voracité quand :

« Qu'est-ce qu'il y a, maman ? »

La biche ne répond pas tout de suite. Sa tête dressée reste immobile un instant :

« Vite, Bambi. Partons d'ici, il faut regagner la forêt. Cours, Bambi, cours et surtout ne te retourne pas ! »

Le faon rassemble toute son énergie,

puis s'élance droit devant lui. Deux coups de feu déchirent soudain le silence. Bambi se retourne : sa mère n'est plus là.

« Maman, maman, où es-tu ? » crie Bambi.

A la vue du grand cerf et de son air grave, il s'immobilise, terrifié.

« Maman, maman ! » hurle-t-il.

Son père prend alors la parole :

« Bambi, tu dois être brave. Ta mère ne reviendra pas. C'est à cause des chasseurs, tu comprends ? Viens, mon fils, suis-moi. »

Bambi ne bouge pas. Des larmes jaillissent de ses yeux, ses oreilles bourdonnent, il ne voit plus rien, n'entend plus rien, ses pattes se dérobent sous son corps.

« Maman », murmure-t-il suffoqué par de gros sanglots.

Seul le souffle du vent lui répond. Alors, le petit faon tremble sans pouvoir s'arrêter. Son père s'approche de lui et doucement, mais fermement, lui fait signe de le suivre. Bambi tourne une dernière fois la tête avant de se mettre en route.

L'incendie

Le printemps revient. Il apporte avec lui une douce lumière et le parfum des fleurs qui s'ouvrent au soleil. Des bruits joyeux emplissent la forêt : les animaux sont amoureux. Il n'y a qu'un seul mécontent : c'est Maître Hibou.

« Ce n'est pas bientôt fini tout ce chahut ! demande-t-il. Non, mais ! Ce n'est pas vrai. Qu'est-ce qui se passe encore ? Ça, alors, Bambi, c'est toi ? Comme tu as changé, dit Maître Hibou en se radoucissant.

Il se reprend aussitôt :

« Enfin, ce n'est pas une raison pour me secouer. Mon arbre n'est pas un prunier ! »

Bambi éclate de rire. Bien sûr qu'il a changé ! Il est devenu un jeune cerf. Sur sa tête, des bois ont poussé. De temps en temps, il les frotte contre un arbre, comme celui de Maître Hibou.

Plongé dans ses réflexions, Bambi n'entend pas approcher Fleur et Pan-Pan .

« Bambi ! crient-ils en chœur.

– Pan-Pan ! Fleur ! Comme je suis content de vous voir !

– On ne se quittera plus, promet Pan-Pan, plus jamais ! »

Pourtant, quelques jours plus tard, Pan-Pan et Fleur disparaissent. Pan-Pan est tombé amoureux d'une jolie lapine et Fleur a trouvé une mouffette à son goût.

Bambi se sent seul, abandonné. Il se réfugie près du point d'eau où il avait rencontré Féline. Il pousse un gros soupir, lorsqu'une voix le fait sursauter.

« Bonjour, Bambi, tu te souviens de moi ? »

Féline est à côté de lui.

« Bien… bien sûr », bafouille-t-il en reculant, intimidé.

Féline se rapproche et lui lèche délicatement la joue. Bambi en est tout retourné

et Féline en profite pour s'éclipser. Où est-elle passée ? Bambi la cherche du regard. Un buisson bouge : c'est elle, sûrement ! Non, c'est un jeune cerf. La tête baissée, il racle nerveusement son sabot sur le sol.

« Féline est à moi ! » gronde-t-il, et il bouscule Bambi.

Ils se font face, leurs naseaux soufflent bruyamment, leurs yeux lancent des éclairs. Le jeune cerf se jette sur Bambi

et l'oblige à reculer. Ils se poussent, se repoussent. Leurs bois se mêlent et s'entrechoquent. Le jeune cerf renverse Bambi d'un violent coup de tête. Bambi se relève, parvient à éviter le nouvel assaut et reprend la lutte, écumant de rage. Le combat se poursuit jusqu'à la tombée de la nuit. Bambi sort vainqueur. Féline est là. Elle l'attendait.

« Bambi », murmure-t-elle en se serrant contre lui.

Les feuilles tombent une à une maintenant. La forêt prend une teinte dorée pour saluer le retour de l'automne.

Une légère brise réveille Bambi. Féline dort à côté de lui, mais il n'est pas tranquille. Le sous-bois semble trop calme. Doucement, il se lève et prend le chemin des rochers pour observer la vallée. Il se retourne, son père est là :

« Bambi, les hommes sont de retour et ont allumé un feu. Ils sont très nombreux,

cette fois. Nous devons fuir, fuir au plus profond de la forêt. »

Brusquement, la forêt entière résonne de mille chuchotements. Des centaines d'ombres défilent sous leurs yeux : les animaux s'enfuient de tous côtés. Des aboiements retentissent, ce sont les chiens des chasseurs qui se rapprochent.

Pendant ce temps, Féline s'est réveillée : elle aussi a entendu les chiens. Bambi a disparu. Affolée, le cœur battant à tout rompre, elle court d'un côté à l'autre sans savoir où aller.

Quand Bambi revient, Féline n'est plus là.

Un nouveau Roi

Bambi a parcouru la forêt des heures et des heures pour retrouver Féline. Soudain, il tend l'oreille : des grognements lui parviennent non loin de là. Malgré sa frayeur, il se rapproche. A travers les branchages, il voit les chiens, l'air féroce, les babines retroussées, prêts à bondir sur Féline.

Bambi croise son regard. Le cercle des chiens se resserre, Féline est perdue, sa plainte retentit comme un ultime appel au secours. Surpris, les chiens s'immobilisent.

« Sauve-toi, Féline, sauve-toi vite ! » a le temps de crier Bambi avant de s'enfuir poursuivi par toute la meute. Derrière lui, il sent un souffle : les chiens se rapprochent. Une terrible douleur déchire son flanc gauche. Il se débat, donne des coups avec ses bois et réussit à se dégager. La tête lui tourne, mais il lui faut accélérer, aller plus vite, toujours plus vite. Épuisé,

il finit par s'écrouler. Son sang laisse une tache rouge sur l'herbe. Les chiens ont perdu sa trace et Bambi peut enfin fermer les yeux. Quand son père le rejoint, il ne bouge plus.

« Lève-toi, Bambi », ordonne le grand cerf.

Bambi ne répond pas.

« Lève-toi. La forêt brûle. Fuyons ! »

Bambi ouvre les yeux, sa blessure lui fait mal. Dans un dernier sursaut, il se redresse, le corps brillant de sueur.

« Vite, vite ! » s'impatiente le grand cerf.

Des flammes jaillissent, lèchent les troncs des arbres, les transforment en torches rougeoyantes. Telles de gigantesques langues, elles se tordent et s'allongent, tentent de happer Bambi. La chaleur étouffante devient insoutenable, Bambi accélère. A travers la fumée, il entrevoit la rivière.

« Plonge, Bambi, plonge », crie son père.

L'incendie s'est éteint. Remis de sa

blessure, Bambi a retrouvé Féline saine et sauve, et la forêt en flammes n'est plus qu'un souvenir pour eux.

Comme à son habitude, Maître Hibou rentre, pour se reposer après une longue nuit de chasse. Il vient à peine de fermer les yeux qu'il entend un bruit sourd. Pan-Pan tape de la patte sur un tronc creux, imité par tous ses enfants.

« Maître Hibou, réveillez-vous !

– Ça ne va pas recommencer, marmonne

le hibou furieux. Pourquoi faut-il toujours que tu m'empêches de dormir ?

– Voyons, Maître Hibou, comment pouvez-vous dormir ?

– Pourquoi ? demande le hibou agacé.

– C'est arrivé ce matin ! » s'exclame Pan-Pan en s'élançant, suivi de ses lapereaux.

Tous les animaux sont déjà rassemblés en cercle. Au beau milieu de la clairière, Féline est allongée. Blottis et serrés tout

contre elle, deux petits faons sont couchés.

« Deux véritables petites merveilles, déclare Maître Hibou sur le ton d'un connaisseur, Bambi doit être fier. »

Oh oui ! Bambi est fier, très fier même. Il est grave aussi, car son père est venu le trouver :

« Bambi, me voilà vieux. Je n'ai plus de force, il est temps pour moi de me retirer. Désormais, tu seras le Roi de la forêt.

Perdu dans ses pensées, Bambi n'entend

pas le fidèle Pan-Pan qui s'approche :

« Bambi, Bambi, viens vite, tes petits essayent de se lever. »

En quelques bonds, Bambi a rejoint sa famille.

« Quels maladroits ! » s'exclame-t-il ému, à la vue de ses enfants qui tentent désespérément de garder l'équilibre sur leurs pattes.

Pan-Pan éclate de rire puis murmure d'un air entendu :

« Voyons, Bambi, ils sont encore si petits ! »

Table

Imprimé en France par CLERC S.A.
Dépôt légal n° 5780 - Septembre 1993
46.26.0904.02/6
ISBN : 2.23.000258.9
Loi n° 49.956 du 16 juillet 1949
sur les publications destinées à la jeunesse